Bilingual Swedish-English Tales for Little Language Explorers

Coledown Bilingual Books

Published by Coledown Bilingual Books, 2023.

While every precaution has been taken in the preparation of this book, the publisher assumes no responsibility for errors or omissions, or for damages resulting from the use of the information contained herein.

BILINGUAL SWEDISH-ENGLISH TALES FOR LITTLE LANGUAGE EXPLORERS

First edition. November 1, 2023.

Copyright © 2023 Coledown Bilingual Books.

ISBN: 979-8223793816

Written by Coledown Bilingual Books.

Table of Contents

Lilla Kaninen och Den Magiska Regnbågen

Det var en gång en liten kanin som hette Maja. Maja älskade att utforska naturen och hennes favoritplats var skogen. En solig dag bestämde sig Maja för att gå på äventyr.

När Maja gick djupare in i skogen, hörde hon ett svagt prassel. Hon följde ljudet och upptäckte en magisk regnbåge som sträckte sig över en klar sjö. Regnbågen var så vacker och glittrande att det var svårt att inte le.

Maja bestämde sig för att gå över regnbågen och se var den ledde. När hon började gå upp på den, märkte hon något fantastiskt. Regnbågen började att leva! Den bar henne upp i himlen, och Maja flög över molnen och bortom stjärnorna.

På den andra sidan regnbågen hittade Maja en magisk plats fylld med färgglada blommor, pratande fåglar och dansande fjärilar. Där träffade hon nya vänner och upplevde fantastiska äventyr.

Maja visste att hon alltid kunde besöka den magiska regnbågen när hon ville ha roligt och träffa sina nya vänner. Så, varje gång solen sken, gick Maja på äventyr och skapade minnen som skulle vara med henne för alltid.

Little Bunny and the Magical Rainbow

Once upon a time, there was a little bunny named Maja. Maja loved exploring nature, and her favorite place was the forest. One sunny day, Maja decided to go on an adventure.

As Maja ventured deeper into the forest, she heard a faint rustling. She followed the sound and discovered a magical rainbow stretching across a clear lake. The rainbow was so beautiful and sparkling that it was hard not to smile.

Maja decided to walk across the rainbow and see where it led. As she began to ascend it, she noticed something amazing. The rainbow came to life! It carried her up into the sky, and Maja flew above the clouds and beyond the stars.

On the other side of the rainbow, Maja found a magical place filled with colorful flowers, talking birds, and dancing butterflies. There, she made new friends and experienced incredible adventures.

Maja knew that she could always visit the magical rainbow whenever she wanted to have fun and meet her new friends. So, every time the sun was shining, Maja went on adventures and created memories that would stay with her forever.

Lilla Fågel och De Färgglada Äggen

Det var en gång en liten fågel som hette Lisa. Lisa bodde i en mysig boning högt uppe i ett träd. En dag hittade Lisa något mycket speciellt. Det var fem färgglada ägg som låg gömda i ett litet bo i närheten.

Lisa visste inte vad som fanns i äggen, men de var så vackra och lockande att hon bestämde sig för att ta hand om dem. Hon ruvade på äggen med stor omsorg, värmande dem med sina mjuka fjädrar.

Dagarna gick, och till slut började äggen spricka. Ut ur dem kom fem små fågelungar, var och en med en egen unik färg. De hade kommit ut som en regnbåge av glädje.

Lisa och de färgglada fågelungarna blev snabbt de bästa vänner. De lekte, flög runt tillsammans och utforskade skogen. Varje dag var ett äventyr fyllt av skratt och glädje.

Tillsammans lärde de sig om vänskap, samarbete och vikten av att ta hand om varandra. Lisa visste att hon hade hittat sina mest värdefulla skatter i de färgglada äggen.

Och så fortsatte de att leva lyckligt i skogen, spridande färg och glädje till alla som de mötte. För deras vänskap var stark som regnbågen och skulle vara med dem för evigt.

Little Bird and the Colorful Eggs

Once upon a time, there was a little bird named Lisa. Lisa lived in a cozy nest high up in a tree. One day, Lisa found something very special. It was five colorful eggs hidden in a small nest nearby.

Lisa didn't know what was inside the eggs, but they were so beautiful and inviting that she decided to take care of them. She carefully incubated the eggs, keeping them warm with her soft feathers.

Days passed, and eventually, the eggs began to crack. Out of them came five little bird chicks, each with a unique color. They had emerged like a rainbow of joy.

Lisa and the colorful bird chicks quickly became the best of friends. They played, flew around together, and explored the forest. Every day was an adventure filled with laughter and joy.

Together, they learned about friendship, cooperation, and the importance of taking care of one another. Lisa knew she had found her most valuable treasures in the colorful eggs.

And so, they continued to live happily in the forest, spreading color and joy to all they met. Their friendship was as strong as a rainbow and would be with them forever.

Lilla Björnens Stora Äventyr

Det var en gång en liten björn som hette Bruno. Bruno bodde i en mysig grotta mitt i skogen. Han var en mycket nyfiken björn och älskade att utforska allt som naturen hade att erbjuda.

En solig morgon när Bruno vaknade, kände han att något spännande skulle hända den dagen. Han började gå genom skogen och upptäckte ett mystiskt hål i marken. Han tittade ner i hålet och blev förvånad över vad han såg.

Det var en hemlig tunnel som ledde djupt under jorden. Bruno kunde inte motstå frestelsen att utforska tunneln, så han hoppade ner i den och började sitt äventyr.

Tunneln ledde honom till en underjordisk värld full av lysande svampar och vänliga skogsdjur. Där träffade han nya vänner och upplevde fantastiska upptåg.

Bruno och hans vänner utforskade grottorna, klättrade på klippor och hade picknickar på gröna ängar. De lärde sig också om vikten av vänskap och att dela med sig av vad de hade.

Till slut kom Bruno tillbaka till sin grotta i skogen med sitt hjärta fyllt av minnen från sitt stora äventyr. Han visste att han alltid kunde återvända till den underjordiska världen när han längtade efter spännande äventyr och nya vänner.

Little Bear's Big Adventure

Once upon a time, there was a little bear named Bruno. Bruno lived in a cozy cave in the middle of the forest. He was a very curious bear and loved to explore everything that nature had to offer.

One sunny morning when Bruno woke up, he felt that something exciting would happen that day. He started walking through the forest and discovered a mysterious hole in the ground. He peered into the hole and was surprised by what he saw.

It was a secret tunnel that led deep underground. Bruno couldn't resist the temptation to explore the tunnel, so he jumped into it and began his adventure.

The tunnel led him to an underground world filled with glowing mushrooms and friendly forest animals. There, he met new friends and experienced fantastic escapades.

Bruno and his friends explored the caves, climbed on rocks, and had picnics in green meadows. They also learned about the importance of friendship and sharing what they had.

Eventually, Bruno returned to his cave in the forest with his heart filled with memories of his big adventure. He knew that he could always return to the underground world when he longed for exciting adventures and new friends.

Lilla Ekorrens Stora Nötkupp

Det var en gång i en lugn skog där en liten ekorre vid namn Emma bodde. Emma älskade att samla nötter och gömma dem i sitt hem i trädet. Hon hade den mest imponerande samlingen av nötter i hela skogen.

En dag fick Emma höra om en särskilt stor och saftig nöt som sägs vara gömd någonstans djupt inuti skogen. Emma blev nyfiken och bestämde sig för att ge sig ut på ett äventyr för att hitta den legendariska nöten.

Hon packade en liten ryggsäck med nötter och började sin resa. Under vägen mötte hon nya djurvänner som ville hjälpa henne i jakten på den stora nöten. Det var en groda som visste om skogarnas hemligheter, en fågel som hade en skarp ögat för nötter och en snäll kanin som hade en fin känsla för vägen.

Tillsammans följde de ledtrådar, korsade sprakande bäckar och klättrade högt upp i träden. De skrattade och sjöng sånger medan de letade. Efter många äventyr och spännande upptäckter, hittade de äntligen den stora nöten.

Emma och hennes vänner delade nöten och insåg att det bästa i livet är äventyr och vänskap. De återvände till skogen med hjärtan fulla av minnen och berättade historien om deras stora nötkupp till alla djur i skogen.

Och så fortsatte Emma, den lilla ekorren, att samla nötter och gömma dem i sitt träd, med ett leende på läpparna och vänner som alltid skulle finnas där för henne.

Little Squirrel's Big Nut Heist

Once upon a time in a tranquil forest, there lived a little squirrel named Emma. Emma loved gathering nuts and hiding them in her tree home. She had the most impressive collection of nuts in the entire forest.

One day, Emma heard about a particularly large and juicy nut rumored to be hidden deep within the forest. Emma grew curious and decided to embark on an adventure to find the legendary nut.

She packed a small backpack with nuts and began her journey. Along the way, she met new animal friends who wanted to help her in the quest for the big nut. There was a frog who knew the secrets of the woods, a bird with a keen eye for nuts, and a kind rabbit who had a great sense of direction.

Together, they followed clues, crossed babbling brooks, and climbed high into the trees. They laughed and sang songs as they searched. After many adventures and exciting discoveries, they finally found the big nut.

Emma and her friends shared the nut and realized that the best things in life are adventures and friendship. They returned to the forest with hearts full of memories and shared the story of their big nut heist with all the animals in the forest.

And so, Emma, the little squirrel, continued to gather nuts and hide them in her tree, with a smile on her face and friends who would always be there for her.

Kasper och Den Magiska Lejonringen

En gång i en småstad långt borta bodde en liten katt som hette Kasper. Kasper var nyfiken och älskade äventyr. En dag när han var ute och lekte i parken, hittade han en gnistrande ring med en bild av en lejon på marken.

Kasper plockade upp ringen och satte den på sin tass. Omedelbart kände han en underlig kraft fylla honom. Ringen hade en magisk förmåga att förvandla Kasper till en tappert lejon när han behövde mod och styrka.

Kasper bestämde sig för att använda sin nya kraft för att hjälpa andra. Han gick till skogen för att rädda skogens djur från faror och till sjön för att hjälpa fiskarna med sina fångster. Överallt där Kasper gick, spridde han glädje och hjälpte människor och djur i nöd.

Men en dag ställdes Kaspers tapperhet på prov när en ilsken varg kom till staden och skapade kaos. Kasper insåg att det var dags att använda sin magiska lejonring. Med mod och beslutsamhet stod han upp för staden och skyddade invånarna.

Till slut besegrade Kasper vargen och räddade staden från faran. Han insåg att det inte spelade någon roll hur stor eller stark han var, det viktiga var att han alltid skulle vara där för att hjälpa och skydda dem som han brydde sig om.

Kasper fortsatte att använda sin magiska lejonring för att göra världen en bättre plats och leva sitt liv som en sann hjälte, redo att hjälpa och sprida kärlek till alla han mötte.

Kasper and the Magic Lion Ring

Once in a faraway small town, there lived a little cat named Kasper. Kasper was curious and loved adventures. One day, while he was playing in the park, he found a sparkling ring with an image of a lion on the ground.

Kasper picked up the ring and placed it on his paw. Immediately, he felt a strange power filling him. The ring had a magical ability to transform Kasper into a brave lion when he needed courage and strength.

Kasper decided to use his new power to help others. He ventured into the forest to rescue the forest animals from dangers and went to the lake to assist fishermen with their catches. Everywhere Kasper went, he spread joy and helped people and animals in need.

But one day, Kasper's bravery was put to the test when a fierce wolf came to the town and created chaos. Kasper realized it was time to use his magic lion ring. With courage and determination, he stood up for the town and protected its residents.

In the end, Kasper defeated the wolf and saved the town from the danger. He realized that it didn't matter how big or strong he was; what mattered was that he would always be there to help and protect those he cared about.

Kasper continued to use his magic lion ring to make the world a better place and live his life as a true hero, ready to help and spread love to everyone he met.

Greta och Den Glittrande Stjärnstenen

Längs den lugna stranden vid sjön bodde en liten groda vid namn Greta. Greta älskade att titta på stjärnorna på natten. Hon drömde om att fånga en egen stjärna en dag.

En klar kväll, när stjärnorna sken starkt, hände något magiskt. En stjärna föll från himlen och landade nära Greta. Men detta var ingen vanlig stjärna, det var en gnistrande stjärnsten.

Greta tittade på stjärnstensens skönhet och bestämde sig för att följa sitt hjärta. Hon gav sig ut på ett äventyr för att återlämna stjärnstenen till himlen där den hörde hemma.

På vägen mötte Greta nya vänner, som hjälpte henne i hennes uppdrag. En kvittrande fågel, en snäll ekorre och till och med en nyfiken fjäril blev hennes följeslagare. Tillsammans övervann de hinder och löste gåtor, och deras vänskap växte sig starkare.

Till sist nådde de stjärnhimlen, och Greta placerade stjärnstenen där den gnistrade i natten. Som tack fick Greta en önskning. Hon önskade att alla djur i skogen skulle ha vänner att leka med och känna sig älskade.

Och så blev det! Djuren i skogen fann nya vänner och kände sig älskade och glada varje dag. Greta visste att äventyret hade fört henne till en speciell plats i sina vänners hjärtan, och hon fortsatte att titta på stjärnorna på natten, tacksam för den underbara resan hon hade upplevt.

Och det var så "Lilla Grodan och Den Glittrande Stjärnstenen" berättades i skogen, som en historia om vänskap, äventyr och att följa sina drömmar.

Greta and the Glittering Starstone

Along the tranquil lakeside, there lived a little frog named Greta. Greta loved gazing at the stars at night and dreamed of catching a star of her own one day.

One clear evening when the stars were shining brightly, something magical happened. A star fell from the sky and landed near Greta. But this was no ordinary star; it was a glittering starstone.

Greta looked at the beauty of the starstone and decided to follow her heart. She embarked on an adventure to return the starstone to the sky, where it belonged.

On her journey, Greta met new friends who helped her in her quest. A chirping bird, a kind squirrel, and even a curious butterfly became her companions. Together, they overcame obstacles, solved puzzles, and their friendship grew stronger.

Finally, they reached the starry sky, and Greta placed the starstone where it sparkled in the night. As a thank you, Greta was granted one wish. She wished for all the animals in the forest to have friends to play with and feel loved.

And so it was! The animals in the forest found new friends and felt loved and happy every day. Greta knew that the adventure had brought her to a special place in her friends' hearts, and she continued to gaze at the stars at night, grateful for the wonderful journey she had experienced.

And that's how "Little Frog and the Glittering Starstone" was told in the forest, as a story of friendship, adventure, and following your dreams.

Lilla Ekorrarnas Hemliga Skatt

I en frodig skog, långt borta från människornas värld, bodde en grupp små ekorrar. De var kända för sin nyfikenhet och sin kärlek till äventyr. En solig dag bestämde sig de tre syskonen, Lina, Leo och Lisa, för att ge sig ut på ett spännande äventyr.

De hade hört rykten om en hemlig skatt som gömdes djupt inne i skogen. Skatten sägs vara en magisk kista som innehåller något som kan uppfylla hjärtans innersta önskningar. Bröderna och systern bestämde sig för att försöka hitta skatten.

Under sin resa genom skogen stötte de på många utmaningar. De korsade glittrande bäckar, klättrade i höga träd och smög sig förbi sömniga igelkottar. Men de gav aldrig upp. De fortsatte att följa skattkartan som de hade hittat, med hopp om att nå sitt mål.

Till slut, efter många äventyr och spännande upptäckter, nådde de platsen där skatten skulle vara gömd. De grävde ivrigt i marken och hittade en gammal kista. När de öppnade kistan, blev de överraskade över vad de såg. Det var inte guld eller ädelstenar, det var något ännu mer värdefullt.

Kistan innehöll en samling av små brev som innehöll vänliga meddelanden och önskningar från djur och växter i skogen. Det visade sig att skatten var att värna om och vårda skogen, att ge kärlek och omtanke till dess invånare. Det var skattens verkliga hemlighet.

Syskonen insåg att de hade hittat en skatt som inte kunde köpas för pengar. De lovade att alltid vara goda vårdare av skogen och att sprida kärlek och omtanke till sina skogsvänner.

Och så, med sina hjärtan fyllda av glädje, återvände de små ekorrarna till sin boning, redo att dela med sig av den värdefulla hemligheten om skogens rikedom med alla som ville lyssna.

The Little Squirrels' Secret Treasure

In a lush forest, far away from the world of humans, lived a group of small squirrels. They were known for their curiosity and love for adventure. One sunny day, three siblings, Lina, Leo, and Lisa, decided to embark on an exciting adventure.

They had heard rumors of a secret treasure hidden deep within the forest. The treasure was said to be a magical chest that held something that could grant the deepest wishes of the heart. The brothers and sister decided to try and find the treasure.

During their journey through the forest, they encountered many challenges. They crossed sparkling streams, climbed tall trees, and tiptoed past sleepy hedgehogs. But they never gave up. They continued to follow the treasure map they had found, hoping to reach their goal.

Finally, after many adventures and exciting discoveries, they reached the spot where the treasure was supposed to be hidden. They eagerly dug in the ground and found an old chest. When they opened the chest, they were surprised by what they saw. It wasn't gold or gemstones; it was something even more valuable.

The chest contained a collection of small letters that held kind messages and wishes from the animals and plants in the forest. It turned out that the real treasure was to care for and protect the forest, to give love and care to its inhabitants. That was the treasure's true secret.

The siblings realized that they had found a treasure that couldn't be bought with money. They promised to always be good stewards of the forest and to spread love and care to their forest friends.

And so, with their hearts filled with joy, the little squirrels returned to their den, ready to share the valuable secret of the forest's riches with anyone willing to listen.

Kalle och Den Magiska Regnskogen

Längs en bortglömd stig i skogen fanns en liten kanin vid namn Kalle. Kalle var nyfiken och älskade äventyr. Han var alltid intresserad av det som gömde sig bortom träden, men det var en plats han längtade mest efter att utforska - den mystiska regnskogen.

Regnskogen låg djupt inuti skogen och var känd för sina magiska krafter. Rykten talade om att den var hemvist för färgglada fåglar som kunde sjunga de vackraste sånger och träd med blad som gnistrade som diamanter.

En dag bestämde sig Kalle för att ge sig ut på ett äventyr in i regnskogen. Han följde ljudet av fågelsång och följde de glittrande bladen. Snart kom han in i den magiska regnskogen.

Där mötte han färgglada fåglar som spelade glädjefulla melodier och dansande fjärilar som lyste upp skogen med sina strålande färger. Han träffade också en snäll ekorre som visade honom de mest undangömda skatterna i regnskogen.

Kalle insåg att regnskogen var full av magi och skönhet, men han lärde sig också att vi måste ta hand om den. Tillsammans med sina nya vänner började han plocka upp skräp och plantera blommor för att bevara den fantastiska platsen.

Kalle besökte regnskogen så ofta han kunde, och varje gång han klev in i den, kände han sig som om han var en del av en underbar värld. Han insåg att äventyr kan vara både spännande och fulla av skatter, och viktigast av allt, att de kan lära oss att ta hand om vår värld och älska den med hela våra hjärtan.

Kalle and the Magical Rainforest

Along a forgotten path in the forest lived a little rabbit named Kalle. Kalle was curious and loved adventures. He was always interested in what lay beyond the trees, but there was one place he longed to explore the most – the mysterious rainforest.

The rainforest was deep within the woods and was known for its magical powers. Rumors spoke of colorful birds that could sing the most beautiful songs and trees with leaves that sparkled like diamonds.

One day, Kalle decided to embark on an adventure into the rainforest. He followed the sound of bird songs and followed the glistening leaves. Soon, he entered the magical rainforest.

There, he met colorful birds playing joyful melodies and dancing butterflies that lit up the forest with their radiant colors. He also met a kind squirrel who showed him the most hidden treasures in the rainforest.

Kalle realized that the rainforest was full of magic and beauty, but he also learned that we must take care of it. Along with his new friends, he began to pick up litter and plant flowers to preserve this amazing place.

Kalle visited the rainforest as often as he could, and every time he stepped into it, he felt like he was part of a wonderful world. He realized that adventures can be both exciting and full of treasures and, most importantly, that they can teach us to take care of our world and love it with all our hearts.

Lilla Elefanten och Regnbågens Hemlighet

I en djup och frodig djungel någonstans i Afrika bodde en liten elefant vid namn Ella. Ella var känd i djungeln för sitt stora hjärta och sitt äventyrliga sinne. Hon älskade att utforska och upptäcka nya platser tillsammans med sina vänner.

En solig dag, när Ella och hennes vänner lekte vid floden, hörde de ett mystiskt ljud. Det var som ett susande skratt som kom från skogsbrynet. Ella kunde inte motstå frestelsen att följa ljudet och se vad som gömde sig där.

När Ella och hennes vänner kom till skogsbrynet, öppnades en magisk värld framför deras ögon. Där stod en glittrande regnbåge som sträckte sig över en glänsande sjö. Regnbågen var så vacker att det kändes som om den var gjord av ren glädje.

Ella och hennes vänner bestämde sig för att utforska regnbågen och se vart den skulle leda dem. När de klev upp på den, kände de hur den bar dem upp i skyn, högre och högre, bortom molnen och in i en fantastisk värld av färger och drömmar.

På andra sidan regnbågen mötte de magiska varelser och hade fantastiska äventyr. De dansade med glittrande fjärilar och pratade med de visaste trädens andar. Ella och hennes vänner lärde sig om vänskap, kärlek och att bevara naturen.

När tiden var inne att återvända till sin egen värld, lovade Ella och hennes vänner att komma tillbaka till regnbågens magiska värld när de längtade efter äventyr och skönhet.

Och så fortsatte Ella, den lilla elefanten, att utforska djungeln med sina vänner, redo att omfamna alla äventyr som kom deras väg, för de visste att magin fanns överallt, om man bara vågade leta efter den.

Little Elephant and the Secret of the Rainbow

In a deep and lush jungle somewhere in Africa, there lived a little elephant named Ella. Ella was known in the jungle for her big heart and adventurous spirit. She loved to explore and discover new places with her friends.

One sunny day, while Ella and her friends were playing by the river, they heard a mysterious sound. It was like a whispering laughter coming from the edge of the forest. Ella couldn't resist the temptation to follow the sound and see what was hidden there.

When Ella and her friends reached the forest's edge, a magical world opened before their eyes. There stood a sparkling rainbow stretching across a shimmering lake. The rainbow was so beautiful that it felt as if it was made of pure joy.

Ella and her friends decided to explore the rainbow and see where it would lead them. As they climbed onto it, they felt it carrying them up into the sky, higher and higher, beyond the clouds and into a wonderful world of colors and dreams.

On the other side of the rainbow, they met magical creatures and had fantastic adventures. They danced with glittering butterflies and talked with the wisest spirits of the trees. Ella and her friends learned about friendship, love, and the importance of preserving nature.

When the time came to return to their own world, Ella and her friends promised to come back to the magical world of the rainbow whenever they longed for adventure and beauty.

And so, Ella, the little elephant, continued to explore the jungle with her friends, ready to embrace all the adventures that came their way, for they knew that magic was everywhere, if only you dared to seek it.

Ture och Det Stora Äventyret

I en lugn och fridfull damm i mitten av en frodig skog bodde en liten sköldpadda vid namn Ture. Ture var en mycket lugn och tålmodig sköldpadda, och han älskade att titta på världen omkring sig.

En dag, när solen sken starkt på himlen, kände Ture en lust att ge sig ut på ett äventyr. Han hade hört talas om en mystisk ö på andra sidan dammen, där det ryktades om fantastiska skatter och vänliga djur som kunde bli hans vänner.

Ture tittade på vattnet i dammen och insåg att han inte kunde simma snabbt som andra djur, men han hade något som ingen annan hade – tålamod. Han började sin resa genom att ta små, metodiska steg längs dammens botten.

Dagarna blev veckor, och Ture gav aldrig upp. Han mötte nya djurvänner längs vägen som inspirerade honom med sina egna historier om mod och tålamod. Ture insåg att äventyr handlade om resan, inte bara målet.

Till slut nådde han den mystiska ön och blev välkomnad av vänliga djur som bodde där. Han upptäckte att skatterna var de värdefulla vänskaperna han hade skapat under sin resa.

Ture insåg att det inte spelade någon roll om man var snabb eller långsam; det viktiga var att man hade hjärta och tålamod. Han och hans nya vänner hade många äventyr tillsammans och skapade minnen som skulle vara med dem för alltid.

Och så fortsatte Ture, den lilla sköldpaddan, att utforska världen med ett leende på läpparna och vänner som alltid skulle finnas där för honom, redo att dela äventyr och skatter som väntade runt varje hörn.

Ture and the Grand Adventure

In a calm and peaceful pond in the middle of a lush forest lived a little turtle named Ture. Ture was a very calm and patient turtle, and he loved observing the world around him.

One day, when the sun shone brightly in the sky, Ture felt a desire to embark on an adventure. He had heard of a mysterious island on the other side of the pond, where there were rumored to be fantastic treasures and friendly animals who could become his friends.

Ture looked at the water in the pond and realized he couldn't swim fast like other animals, but he had something that no one else had – patience. He began his journey by taking small, methodical steps along the pond's bottom.

Days turned into weeks, and Ture never gave up. He met new animal friends along the way who inspired him with their own stories of courage and patience. Ture realized that adventures were about the journey, not just the destination.

Eventually, he reached the mysterious island and was welcomed by friendly animals who lived there. He discovered that the real treasures were the valuable friendships he had created during his journey.

Ture realized that it didn't matter if you were fast or slow; what mattered was having a heart and patience. He and his new friends had many adventures together and created memories that would stay with them forever.

And so, Ture, the little turtle, continued to explore the world with a smile on his face and friends who would always be there for him, ready to share adventures and treasures waiting around every corner.

Bertils Stora Dröm

Det var en gång en liten björn vid namn Bertil som bodde i en vacker skog. Bertil var en drömmande björn, och han hade alltid haft en stor dröm. Han drömde om att flyga bland molnen precis som fåglarna.

En solig morgon när Bertil satt vid sjön och såg fåglarna glida på himlen, bestämde han sig för att följa sin dröm. Han visste att han inte kunde flyga på egen hand, så han gick till skogens äldsta träd, en vis gammal ek.

"Kära Gamla Ek," sa Bertil, "Jag drömmer om att flyga bland molnen. Kan du hjälpa mig att göra min dröm sann?"

Gamla Ek tänkte en stund och sa sedan: "Bertil, jag kan inte ge dig vingar, men jag kan ge dig något som kan hjälpa dig att nå dina drömmar. Jag ska lära dig att bygga en gunga högt upp i mina grenar."

Bertil blev överlycklig och började bygga sin gunga med hjälp av Gamla Eks kloka vägledning. Han arbetade noggrant och tålmodigt, och snart hängde gungan högt uppe bland trädets grenar.

När gungan var klar, satt sig Bertil i den och gungade högt upp i luften. Han kände vinden i sitt päls och skrattade av glädje. Det var precis som att flyga bland molnen.

Bertil gungade högt och lågt varje dag och blev snart känd som den glada björnen som svävade i skyn. Hans dröm hade gått i uppfyllelse.

Men det bästa av allt var att Bertil insåg att han inte behövde vingar för att flyga. Han hade hittat sättet att följa sin dröm med hjälp av tålmodighet, envishet och hjälp från sina vänner.

Och så levde Bertil, den lilla björnen, sitt drömliv i skogen, redo att följa nya äventyr och drömmar, med vetskapen om att inget är omöjligt när man tror på sig själv och har vänner som stöttar en.

Bertil's Big Dream

Once upon a time, there was a little bear named Bertil who lived in a beautiful forest. Bertil was a dreamy bear, and he had always had a big dream. He dreamt of flying among the clouds just like the birds.

One sunny morning, while Bertil sat by the lake and watched the birds glide in the sky, he decided to follow his dream. He knew he couldn't fly on his own, so he went to the oldest tree in the forest, a wise old oak.

"Dear Old Oak," Bertil said, "I dream of flying among the clouds. Can you help me make my dream come true?"

Old Oak thought for a moment and then said, "Bertil, I can't give you wings, but I can give you something that can help you reach your dreams. I will teach you how to build a swing high up in my branches."

Bertil was overjoyed and started building his swing with the guidance of Old Oak's wisdom. He worked carefully and patiently, and soon the swing hung high among the tree's branches.

When the swing was ready, Bertil sat in it and swung high up into the air. He felt the wind in his fur and laughed with joy. It was just like flying among the clouds.

Bertil swung high and low every day and soon became known as the happy bear who soared in the sky. His dream had come true.

But the best part was that Bertil realized he didn't need wings to fly. He had found a way to follow his dream with patience, determination, and help from his friends.

And so, Bertil, the little bear, lived his dreamy life in the forest, ready to embark on new adventures and dreams, knowing that nothing is impossible when you believe in yourself and have friends who support you.

Lilla Ekorrarnas Skattjakt

I en solig glänta i skogen bodde en grupp livliga ekorrar. De var kända för sin lekfullhet och äventyrliga sätt. En dag hittade de ett mystiskt meddelande som blåste in i deras skog med vinden. Meddelandet lovade en gömd skatt djupt inne i skogen.

De små ekorrarna, med gnistrande ögon och hjärtan fyllda av upphetsning, bestämde sig för att bege sig ut på en skattjakt. De visste att de skulle behöva samarbeta och lösa många gåtor för att hitta skatten.

De följde ledtrådar och gåtor som ledde dem genom skogen. På vägen stötte de på olika djur som hade speciella förmågor och kunskaper att dela med sig av. En fågel som visste hur man navigerade genom skogen, en hare som kunde hitta de dolda stigarna, och en snigel som hade ett skarpt öga för detaljer.

Tillsammans övervann de hinder, korsade små bäckar och klättrade uppför stora stenar. De skrattade och sjöng under hela äventyret. Till slut nådde de platsen där skatten skulle vara gömd.

Där, under det högsta trädet i skogen, hittade de en hemlig grotta. När de öppnade grottan, blev de överraskade över vad de fann. Istället för guld och ädelstenar var grottan fylld med böcker och historier.

Det visade sig att skatten var kunskap och berättelser, och de små ekorrarna insåg att det var den värdefullaste skatten av alla. De läste historierna högt för varandra och lärde sig nya saker varje dag.

Från den dagen och framåt delade de små ekorrarna med sig av sina skatter med hela skogen. De insåg att det var kunskap och gemenskap som gjorde livet rikt och fyllt av äventyr.

Och så fortsatte de små ekorrarna att leva sina lekfulla liv i skogen, redo att ge och lära sig mer varje dag och förstå att skatter kan vara dolda överallt, om man bara vet var man ska leta.

The Little Squirrels' Treasure Hunt

In a sunny clearing in the forest lived a group of lively squirrels. They were known for their playfulness and adventurous spirit. One day, they found a mysterious message that had blown into their forest with the wind. The message promised a hidden treasure deep within the forest.

The little squirrels, with sparkling eyes and hearts full of excitement, decided to embark on a treasure hunt. They knew they would need to work together and solve many riddles to find the treasure.

They followed clues and riddles that led them through the forest. Along the way, they encountered various animals with special abilities and knowledge to share. A bird who knew how to navigate through the forest, a hare who could find the hidden paths, and a snail with a sharp eye for details.

Together, they overcame obstacles, crossed small streams, and climbed up large rocks. They laughed and sang throughout the entire adventure. Eventually, they reached the place where the treasure was said to be hidden.

There, beneath the tallest tree in the forest, they found a secret cave. When they opened the cave, they were surprised by what they found. Instead of gold and gemstones, the cave was filled with books and stories.

It turned out that the treasure was knowledge and stories, and the little squirrels realized it was the most valuable treasure of all. They read the stories aloud to each other and learned something new every day.

From that day on, the little squirrels shared their treasures with the entire forest. They realized that it was knowledge and community that made life rich and filled with adventure.

And so, the little squirrels continued to live their playful lives in the forest, ready to give and learn more every day, understanding that treasures can be hidden everywhere, if you know where to look.

Mias Fantastiska Pensel

I en lugn by vid foten av ett vackert berg bodde en liten flicka vid namn Mia. Mia älskade att måla och använde sin fantasi för att skapa de mest underbara konstverken. Hennes favoritverktyg var en magisk pensel som hennes mormor hade gett henne.

Mormor hade sagt: "Denna pensel har förmågan att ge liv åt dina målningar, om du tror tillräckligt starkt." Mia trodde verkligen på mormors ord och målade med glädje varje dag.

En morgon när Mia gick ut för att måla i trädgården, märkte hon att hennes magiska pensel hade försvunnit. Hon letade överallt, men den var spårlöst borta. Mia kände sig ledsen och orolig. Hur skulle hon måla sina fantasifulla bilder utan sin älskade pensel?

Men Mia gav inte upp. Hon bestämde sig för att leta efter sin pensel i bergen, trots att det verkade omöjligt att hitta den. Hon klättrade upp för bergen och letade i grottor och dalar. Hon stannade inte förrän hon kom till en mystisk glänta.

Där i gläntan upptäckte Mia något förbluffande. Hennes magiska pensel låg på marken och bredvid den fanns en stor palett med färger som strålade som ädelstenar. Mia insåg att penseln hade tagit en kort semester för att hämta mer kraft och färger till henne.

Med sin magiska pensel och de strålande färgerna målade Mia de mest fantastiska scener: blommor som sjöng, träd som skrattade, och fåglar som dansade i skyn. Hennes målningar blev levande och fyllda av magi.

När Mia återvände till byn, delade hon med sig av sina underbara målningar med alla. Byborna kunde inte tro sina ögon när de såg hur blommor sjöng och träd skrattade. De insåg att Mia hade en magisk pensel och en ännu mer magisk fantasi.

Mia målade och berättade sina fantastiska berättelser för byborna varje dag. Hennes magiska pensel hade gett liv åt hennes drömmar, och nu kunde hela byn njuta av den magin.

Mia's Amazing Brush

In a tranquil village at the foot of a beautiful mountain lived a little girl named Mia. Mia loved to paint and used her imagination to create the most wonderful artworks. Her favorite tool was a magical brush her grandmother had given her.

Her grandmother had said, "This brush has the ability to bring your paintings to life if you believe strongly enough." Mia truly believed in her grandmother's words and painted with joy every day.

One morning, when Mia went out to paint in the garden, she noticed that her magical brush had disappeared. She searched everywhere, but it was gone without a trace. Mia felt sad and worried. How could she paint her imaginative pictures without her beloved brush?

But Mia didn't give up. She decided to look for her brush in the mountains, even though it seemed impossible to find it. She climbed up the mountains and searched in caves and valleys. She didn't stop until she reached a mysterious clearing.

There, in the clearing, Mia discovered something astonishing. Her magical brush lay on the ground, and next to it was a large palette of colors that shone like gemstones. Mia realized that the brush had taken a short vacation to gather more power and colors for her.

With her magical brush and the radiant colors, Mia painted the most amazing scenes: flowers that sang, trees that laughed, and birds that danced in the sky. Her paintings came to life and were filled with magic.

When Mia returned to the village, she shared her wonderful paintings with everyone. The villagers couldn't believe their eyes when they saw flowers singing and trees laughing. They realized that Mia had a magical brush and an even more magical imagination.

Mia painted and told her fantastic stories to the villagers every day. Her magical brush had brought her dreams to life, and now the entire village could enjoy the magic.

Kalle och Den Glömda Vännen

Det var en solig morgon i djungeln när lilla Kaninen, vid namn Kalle, gick ut för att leka med sina vänner. Han hade massor av vänner i djungeln, men det fanns en som han hade glömt bort, och det var Grodan, hans allra bästa vän.

Kalle hade varit så upptagen med sina andra äventyr att han inte hade spenderat tid med Grodan på länge. Han kände sig ledsen för att han hade glömt sin vän och bestämde sig för att leta efter Grodan.

Han började sitt sökande vid den lilla dammen där de brukade träffas, men Grodan var inte där. Han frågade fåglarna och fjärilarna om de hade sett Grodan, men ingen hade någon information.

Kalle gick djupare in i djungeln och kom över en blommande äng. Där träffade han Elefanten Ellie, som undrade vad som var fel. Kalle förklarade att han hade glömt sin vän Grodan och att han letade efter honom.

Ellie log och sa: "Jag tror jag vet var Grodan är. Han brukar hänga vid den stora liljedammen längre in i djungeln. Jag kan visa dig vägen."

Kalle följde Ellie till den stora liljedammen och där, bland de vackra blommorna och svalkande vattnet, fann han Grodan. Grodan satt ensam och såg lite ledsen ut.

Kalle sprang fram till Grodan och kramade honom. "Förlåt att jag har varit så upptagen, Grodan," sa han. "Du är min bästa vän, och jag lovar att aldrig glömma dig igen."

Grodan log och de två vännerna tillbringade resten av dagen med att leka och ha roligt tillsammans. Kalle lärde sig den viktiga läxan att vänner är värdefulla och att det är viktigt att ta hand om dem.

Från den dagen och framåt tillbringade Kalle och Grodan massor av tid tillsammans och hade de bästa äventyren i djungeln, för de visste att vänskap var den riktiga skatten i deras liv.

Kalle and the Forgotten Friend

It was a sunny morning in the jungle when a little rabbit named Kalle went out to play with his friends. He had many friends in the jungle, but there was one he had forgotten, and that was Frog, his very best friend.

Kalle had been so busy with his other adventures that he hadn't spent time with Frog in a long time. He felt sad for forgetting his friend and decided to look for Frog.

He began his search at the little pond where they used to meet, but Frog wasn't there. He asked the birds and butterflies if they had seen Frog, but no one had any information.

Kalle ventured deeper into the jungle and came across a blooming meadow. There, he met Ellie the Elephant, who wondered what was wrong. Kalle explained that he had forgotten his friend Frog and was looking for him.

Ellie smiled and said, "I think I know where Frog is. He usually hangs out by the big lily pond further into the jungle. I can show you the way."

Kalle followed Ellie to the large lily pond, and there, among the beautiful flowers and refreshing water, he found Frog. Frog was sitting alone and looked a bit sad.

Kalle ran up to Frog and hugged him. "I'm sorry for being so busy, Frog," he said. "You're my best friend, and I promise never to forget you again."

Frog smiled, and the two friends spent the rest of the day playing and having fun together. Kalle learned the important lesson that friends are valuable, and it's essential to take care of them.

From that day on, Kalle and Frog spent lots of time together and had the best adventures in the jungle, knowing that friendship was the real treasure in their lives.

www.ingramcontent.com/pod-product-compliance
Lightning Source LLC
Chambersburg PA
CBHW061407140726
47997CB00003B/1402